AF564102

Vente du Samedi 5 Décembre 1868.

OBJETS DE LA PERSE

EXPOSITION PUBLIQUE

Le Vendredi 4 Décembre 1868

DE UNE HEURE A CINQ HEURES.

Me CHARLES PILLET, COMMISSAIRE-PRISEUR | M. CH. MANNHEIM, EXPERT

1868

CATALOGUE

D'une Collection

D'OBJETS DE LA PERSE

BELLES ARMES & PIÈCES D'ARMURE
BRONZES & CUIVRES, TAPIS

DONT LA VENTE AURA LIEU

HOTEL DROUOT, Salle N° 2

Le Samedi 5 Décembre 1868

A DEUX HEURES

Par le ministère de Mᵉ **CHARLES PILLET**, Commissaire-Priseur,
10, rue Grange-Batelière,

Assisté de M. **Charles MANNHEIM**, Expert, rue Saint-Georges, 7.

Chez lesquels se distribue le présent Catalogue.

EXPOSITION PUBLIQUE

Le Vendredi 4 Décembre 1868, de une heure à cinq heures.

CONDITIONS DE LA VENTE.

Elle sera faite au comptant.

Les adjudicataires payeront *cinq pour cent* en sus des enchères.

L'exposition mettant le public à même de se rendre compte de l'état des objets, il ne sera admis aucune réclamation une fois l'adjudication prononcée.

Paris. — Imp. de PILLET fils aîné, rue des Grands-Augustins. 5.

DÉSIGNATION DES OBJETS

ARMES

1 — Casque en damas, à bombe gravée à figures de cavaliers en relief et bordures portant des inscriptions et des ornements damasquinés en or. Il est garni d'une maille découpée en fer à dessins de cuivre.

2 — Belle rondache de même travail et provenant de la même armure que le casque qui précède. Elle est enrichie de quatre bossettes saillantes.

3 — Brassard appartenant à la même armure.

4 — Casque en damas dont la bombe est couverte d'arabesques et d'inscriptions damasquinées en or et à bordures riches damasquinées de même. Ce casque offre cette particularité, qu'il est garni de quatre porte-aigrettes.

5 — Rondache de même travail et appartenant à la même armure que le casque qui précède. Elle est garnie de quatre bossettes saillantes.

6 — Brassard provenant de la même armure.

7 — Casque en damas, à bombe couverte de sujets de chasse et d'entrelacs argentés et portant des inscriptions. Il est enrichi de turquoises incrustées.

8 — Rondache de même style que le casque qui précède. Elle est enrichie de quatre bossettes saillantes incrustées de turquoises.

9 — Brassard appartenant à la même armure.

10 — Casque en damas, à bombe couverte d'entrelacs et d'inscriptions damasquinés en or. Il est garni, comme les casques décrits précédemment, d'une maille découpée à dessins de cuivre.

11 — Rondache de même travail et provenant de la même armure que le casque qui précède.

12 — Brassard provenant de la même armure.

13 — Corselet composé de quatre plaques damassées et incrustées de cavaliers et ornements damasquinées d'argent.

14 — Bouclier en corne de rhinocéros, décoré de sujets de chasse en or et garni de six bossettes saillantes en cuivre.

15 — Bouclier analogue, mais plus petit.

16 — Chemise de mailles rivées, garnie de son colletin en mailles plus fines.

17 — Masse d'armes en damas, surmontée d'une tête de diable damasquinée en or ainsi que la hampe. Pièce curieuse.

18 — Autre masse d'armes en forme de tête de bœuf, enrichie d'ornements damasquinés en or. La hampe à arêtes en relief se termine à sa partie inférieure par une tête de tigre.

19 — Hache d'armes en damas ciselé et damasquiné en or. Elle est ornée et surmontée de têtes fantastiques d'animaux. La hampe est damasquinée d'argent.

20 — Hache d'armes à double tranchant en fer ciselé, à animaux et ornements argentés.

21 — Hache d'armes en damas, à fleurs ciselées et ornements damasquinés en or. La hampe est en bois verni et décorée d'ornements dorés.

22 — Petit fusil circassien, couvert en peau de chagrin, avec canon et batterie richement damasquinés en or et garnitures en argent niellé.

23 — Petit fusil persan, avec canon rayé, damasquiné d'argent.

24 — Sabre à lame courbe, en damas évidé et à inscriptions damasquinées en or. Poignée en corne de cerf garnie en fer, gravé et damasquiné.

25 — Autre sabre à lame courbe, en damas et poignée en ivoire incrustée de rosaces marquetées et garnie en fer, finement damasquiné en or. Le fourreau, en cuir gaufré, est garni en damas damasquiné en or.

26 — Sabre à lame courbe en damas.

27 — Sabre à lame droite à double tranchant, en damas damasquiné en or et à poignée en fer ciselé et doré sur fond bleui.

28 — Sabre analogue à celui qui précède.

29 — Trois javelots en bois et fer damasquiné d'argent, dans un fourreau en cuir.

30 — Sabre à lame droite, en damas, damasquiné en or. Poignée en buffle, garnie en fer, damasquinée de même.

31 — Fer de lance à triple lames flamboyantes, en damas, damasquiné en or et douille facettée, damasquinée de même.

32 — Fer de lance analogue, mais à double lame.

33 — Autre fer de lance analogue à celui qui précède.

34 — Deux autres fers de lance à simple lame, en damas, damasquiné en or et en argent.

35 — Kama à lame damas, présentant en creux ou en relief des serpents rehaussés de damasquinures en or. Poignée en buffle, garnie en fer à ornements dorés.

36 — Kama à lame évidée, en damas, à poignée en buffle. Fourreau garni en argent.

37 — Poignard à lame cannelée, en damas, finement damasquinée en or, à figures d'animaux et ornements.

38 — Poignard à lame courbe, poignée et fourreau en fer bleui, à figures, fleurs et ornements ciselés en relief et dorés.

39 — Poignard analogue à celui qui précède; les ornements de celui-ci sont argentés.

40 — Poignard à lame courbe, poignée en ivoire sculpté, à figures et ornements. Le fourreau est garni en argent.

41 — Poignard analogue à celui qui précède. Une des faces de la poignée offre des figures de femmes en relief de style européen de la Renaissance.

42 — Poignard à lame courbe en damas, à filet saillant; poignée en morse; fourreau garni en argent, contenant un petit couteau.

43 — Poignard à lame courbe en damas, à filet saillant; poignée en ivoire sculpté, à figures et ornements.

44 — Petit poignard à lame courbe en damas, à poignée en ivoire finement sculpté, à figures, bustes, animaux et ornements.

45 — Couteau-poignard à lame en damas évidée et gravée à entrelacs et poignée en buffle, avec garniture de même travail.

46 — Couteau-poignard analogue à celui qui précède; la poignée de celui-ci est en morse.

47 — Petit poignard à lame et poignée en damas.

48-51 — Neuf couteaux à lames en damas gravé et poignées en morse, ivoire ou buffle. Ils seront vendus par lots.

52 — Deux couteaux à lames droites et poignée en damas.

53 — Petit bassin en damas, à inscriptions ciselées en relief; encadrements et bordures damasquinées en or. Pièce curieuse.

54 — Trois pièces en damas : deux amorçoirs et une poudrière.

55 — Étui de forme ovale en damas, à ornements repercés à jour et entrelacs damasquinés en or.

56 — Garniture de fourreau en damas, à ornements et inscriptions damasquinés en or et parties finement repercées à jour.

57 — Quatre pièces : Couteau fermant, pincettes, ciseaux et batterie de fusil.

58 — Amorçoirs en cuivre ciselé et incrustés d'argent.

BRONZES & CUIVRES

59 — Coffre oblong en cuivre, entièrement couvert de fleurs, animaux et ornements gravés.

60-62 — Six bols ou bassins en cuivre gravé à figures, ornements et inscriptions, et contenant des traces d'incrustations d'argent. Ils seront vendus par deux.

63-64 — Quatre petits bols en cuivre étamé gravé, à figures et ornements. Ils seront vendus par deux.

65 — Bol en cuivre, gravé à entre-lacs.

66 — Deux petits vases à couvercles en cuivre étamé gravés, à figures et ornements.

67 — Deux flambeaux en cuivre gravé, à ornements variés.

68 — Deux autres flambeaux analogues à ceux qui précèdent.

69 — Buire persane à goulot très-long, en cuivre gravé. Forme élancée élégante.

70 — Flambeau en cuivre étamé et gravé, à figures et ornements. Le plateau est large et la bobèche est formée d'une fleur.

71 — Petit vase à panse sphérique et gorge droite en cuivre jaune, entièrement couvert d'entre-lacs très-fins et conservant des traces d'incrustation d'argent.

72 — Buire à côtes et son bassin en cuivre étamé gravé, à figures et ornements.

73 — Petite buire en cuivre jaune gravé et pied découpé à jour.

74 — Fourneau de kalian en cuivre émaillé, à figures et fleurs et garni en argent.

75 — Deux petits flambeaux en cuivre gravé à ornements.

76 — Flacon en cuivre verni, avec pied et gorge incrustés d'argent.

77 — Deux pièces en cuivre gravé : Plateau et petit bassin.

OBJETS VARIÉS

78 — Corbeille de derviche en coco sculpté, à ornements et inscriptions, et garnie de ses chaînes de suspension.

79 — Coffret à couvercle en toit, en bois, entièrement composé d'ornements finement repercés à jour.

80 — Coffret oblong, entièrement couvert d'un riche décor d'ornements et médaillon de personnages peints en couleurs et rohaussé d'or; garniture en argent. Travail très-fin.

81 — Paire de pantoufles en drap rouge et brodées en fin.

TAPIS

82 — Petit tapis de table en cachemire noir, finement brodé, à palmes et ornements.

83-84 — Deux grands tapis de Perse à dessins variés. Ils seront vendus séparément.

85-88 — Quatre petits tapis de Perse. Ils seront vendus séparément.

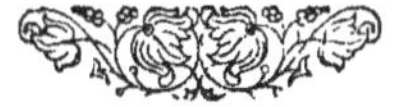

www.ingramcontent.com/pod-product-compliance
Lightning Source LLC
LaVergne TN
LVHW010217230826
846091LV00008BB/3548

* 9 7 8 2 3 2 9 5 1 8 1 1 4 *